AF248083

SAINT FERRÉOL,

TRIBUN ROMAIN,

Martyrisé à Vienne, en Dauphiné,

L'AN 287.

Par un Chanoine de Montauban.

La vie des saints est
le chant de l'Evangile.
St. François de Sales.

MONTAUBAN,

IMPRIMERIE FORESTIÉ, RUE DU VIEUX-PALAIS, 23.

—

1879.

SAINT FERRÉOL,

TRIBUN ROMAIN.

Vu et permis d'imprimer.

Montauban, le 8 septembre 1879.

† THÉODORE,

Évêque de Montauban.

SAINT FERRÉOL,

TRIBUN ROMAIN,

Martyrisé à Vienne, en Dauphiné,

L'AN 287.

Par un Chanoine de Montauban.

La vie des saints est
le chant de l'Evangile.
ST. FRANÇOIS DE SALES.

MONTAUBAN,

IMPRIMERIE FORESTIÉ, RUE DU VIEUX-PALAIS, 23.

1879.

DEUX QUESTIONS PRÉALABLES.

—

A quelle époque assigner la naissance ou l'origine du pèlerinage de Lapeyrière, dans le diocèse de Montauban ?

Il serait plus que difficile de répondre à cette question avec une précision historiquement certaine, plus de deux siècles et demi s'étant écoulés depuis l'affreux incendie qui réduisit en cendres et le gros bourg et l'église de cette mémorable localité.

Néanmoins, comme les grandes manifestations naissent ordinairement des grandes causes, et que l'homme, religieux par nature, ne sent jamais mieux le besoin de recourir à une assistance divine que lorsque, frappé par l'adversité, ou menacé de quelque malheur, il se trouve en face de son impuissance et de sa propre misère, il nous a semblé devoir assigner la naissance de ce pèlerinage, jadis si célèbre, à l'une ou à l'autre des deux époques que nous allons signaler succinctement.

La première est de la fin de l'année 1628, peu de jours après cet horrible massacre, cette *cruelle tuerie,* selon le mot de Perrin, qui y perdit son frère, et dans laquelle les petites villes de Montech et de Verdun comptèrent le plus grand nombre de victimes, tristes souvenirs de nos guerres politico-religieuses !...

Alors une peste cruelle s'était déclarée à Toulouse. Elle avait tellement gagné les environs de Montauban, que Saint-Michel, à qui le duc de Rohan, principal chef du parti calviniste, avait confié le gouvernement de cette ville, à la place du baron de Villemade, sentit le besoin de suspendre le cours de ses expéditions belliqueuses contre les catholiques de ces malheureuses contrées.

Serait-ce alors que ces contrées voisines de Montauban et de Toulouse, recourant à la bonté de Dieu, par la médiation des saints, auraient commencé le pèlerinage au patron déjà vénéré, ou alors choisi, du bourg de *Lapeyrière?* Mais quel aurait été le point convenable de cette pieuse réunion ? Depuis le 14 du mois de septembre précédent, ce gros village n'existait plus, et l'église aurait-elle pu, dans ce petit laps de temps, être relevée de ses ruines ?

La *seconde époque* qui paraît plus vraisemblable que la première, arrive vingt-cinq ans plus tard, donc en 1653. Alors la peste exerçait de grands ravages dans le Quercy et dans Montauban. Cette ville y perdit plus de huit mille habitants. La consternation était dans tous les cœurs, à tel point que, pour céder à l'effroi de la population, tremblante à la seule pensée de toute réunion plus ou moins nombreuse, les Chanoines furent obligés de sortir de la ville et d'aller s'établir, d'abord à Montech, puis à Castelsarrasin, jusques à la fin du terrible fléau.

Bien tristes étaient alors les contrées voisines de cette malheureuse cité. Montech, Finhan, Montbartier, Monbéqui, Dieupentale, Canals, étaient loin d'être épargnés par la peste, qui marchait devant l'ordre de Dieu. La tradition locale répète encore tristement et sans variation de termes : « Les hommes tombaient et mouraient aussitôt comme des mouches. Les voisins, les amis, les parents se saluaient et s'embrassaient comme pour la dernière fois, et les ennemis se réconciliaient au nom de Dieu. »

En ces tristes jours de deuil et de

lamentables épreuves, le sentiment religieux se réveille plus vivement que jamais. On recourut à celui d'où vient tout secours surnaturel, et qui est le maître souverain de la vie et de la mort, en invoquant la protection puissante du saint patron de *Lapeyrière*. Au signal donné et au grand jour indiqué, on se rendit processionnellement, dans l'ordre le plus religieux, au sanctuaire du saint martyr. On répète même aujourd'hui que plus d'un pèlerin fit, des deux genoux, la pénible ascension du chemin qui y conduit. Tous, chrétiennement préparés par le jeûne, la prière et la confession sacramentelle, parurent avec une attendrissante piété à la table eucharistique.

Ainsi pleins de confiance en la miséricorde d'un Dieu trois fois bon, et en la protection du patron qu'ils étaient venus implorer, les pèlerins, avant de se séparer, émirent unanimement le vœu,

vœu auquel, dans la suite des temps, les générations nouvelles ont été plus ou moins fidèles, de revenir annuellement et en procession visiter le vénéré sanctuaire.

Or, le Seigneur, qui ne frappe jamais que pour réveiller et guérir, touché de la foi, de la confiance chrétienne, des humbles supplications et de la pénitence de ces peuples affligés, daigna accorder, par la médiation de saint Ferréol, la fin ou cessation du terrible fléau, et les générations qui se sont succédé n'ont cessé de répéter que, depuis le jour mémorable du solennel pèlerinage, on n'eut plus à compter de nouvelles victimes.

Après cet exposé historique et fidèle, on doit se demander à laquelle des deux époques mentionnées est il plus vraisemblable de rattacher la naissance du pèlerinage de Lapeyrière. La réponse ne se fait pas attendre. On penchera

sans doute en faveur de la seconde
époque. Elle eut lieu en 1653, sous
l'épiscopat de l'illustre Pierre de Ber-
thier, évêque de Montauban et succes-
seur immédiat de Mgr Anne de Murviel.

Nous arrivons à la seconde question,
qui intéresse si vivement les habitants
de Bessens et des contrées voisines de
cette paroisse.

Deux saints, du nom de Ferréol, sont
l'objet vénéré de deux célèbres pèleri-
nages.

L'un, noble athénien, disciple du
grand Polycarpe, fut envoyé à Besançon
avec son frère Ferjeux, son diacre, vers
l'an 178, sous le pontificat de saint Eleu-
thère et sur la supplication de saint
Irénée. Premier apôtre de cette ville,
il y subit le martyre en l'an 210 ou 212.

L'autre, tribun romain, dont nous
donnons une notice à la fin de cet
opuscule, fut martyrisé à Vienne en

Dauphiné, vers l'an 287, sous Maximinien, digne collègue de Dioclétien.

Or, on se demande lequel de ces
deux martyrs, homonymes, est le vrai
patron que l'on a eu la croyance d'honorer, d'invoquer dans le sanctuaire de
Lapeyrière ?

Avant de répondre ici immédiatement,
qu'il nous soit permis de remonter à
l'année 1854. Alors le choléra morbus,
ce terrible fléau que la main de la jus-
tice divine promenait depuis environ
vingt ans sur plusieurs points de la
France, frappait la ville de Toulouse,
qui n'osait plus publier hautement le
nombre de ses victimes. Or, tremblant
pour son troupeau, M. Dufaur, le digne
pasteur de Bessens, conçut le vif désir de
rétablir l'antique pèlerinage de Lapeyrière, depuis quelques années bien refroidi.

Pour répondre à ses désirs et à sa
prière, un ecclésiastique, son ami, se
livra à de sérieuses recherches afin d'éta-

blir l'identité du vrai patron dont on voulait implorer la protection. Long-temps il pencha, mais sans conviction bien profonde, inébranlable, en faveur de saint Ferréol de Besançon. Dans cette opinion, qui n'était point dénuée de quelque vraisemblance, on fit composer un tableau qui représentait le double martyr de nos deux frères missionnaires, l'évêque et le diacre, tableau que l'on voit dans l'église de Lapeyrière, et l'on obtint aussi, par la médiation de Mgr Doney, l'illustre évêque de Montauban, des reliques authentiques qui, depuis 1854, sont présentées à la vénération des fidèles.

Mais, revenu de sa première et consciencieuse opinion, le même ecclésiastique s'est incliné respectueux, vingt-quatre ans après, devant la réclamation contraire des habitants de Bessens, voisins les plus rapprochés de Lapeyrière, et qui ont toujours été les protecteurs les plus zélés de ce pèlerinage. Ils répètent, plus haut que jamais, et avec un accent de conviction, écho vraisemblable de la croyance antique, que leurs aïeux, leurs ancêtres ont toujours eu l'intime pensée d'avoir pour patron saint Ferréol, le tribun, martyrisé à Vienne en Dauphiné. Cette croyance doit évidemment être acceptée et dominer à jamais.

Ainsi, par un fait respectable et déjà acquis depuis 1854, au lieu d'un saint patron, Lapeyrière aura le rare et riche privilége d'en avoir deux, portant le même nom, l'un et l'autre bien célèbres dans l'Église, l'un et l'autre bien puissants devant Dieu. Puissent ses fidèles se rendre dignes chrétiennement de leur puissante protection, par leur foi, leur dévotion prudente et vraie, et surtout par l'imitation de leur vie, leur attachement à la religion chrétienne de Jésus-Christ !

NOTICE

SAINT FERRÉOL, LE TRIBUN,

MARTYR.

—

SON SIÈCLE.

—

Chaque siècle a son caractère distinctif. Si le second est justement appelé le siècle éminemment apostolique, parce que les apôtres et les premiers disciples l'avaient en quelque sorte préparé, façonné de leurs mains suivant le dessein et les leçons que Jésus-Christ leur avait données, comment appelerons-nous le troisième, auquel appartient saint Ferréol, le glorieux martyr de Vienne ?

Ce siècle à jamais mémorable, durant

lequel tant de témoignages généreux, héroïques et sanglants, furent donnés à la foi chrétienne, ne mérite-t-il pas de porter le nom d'*ère* ou de *siècle* des *martyrs?* Lactance, qui a décrit le genre de mort épouvantable des persécuteurs de l'Église, et qui vivait encore à la fin de cette longue période sanglante, autorise cette dénomination quand il écrit : *Alors toute la terre fut inondée du sang chrétien, depuis l'Orient jusqu'à l'Occident.*

A ce témoignage ajoutons celui de l'empereur Dioclétien lui-même. Il avait étendu si largement ses meurtrières persécutions, que, sur une colonne qu'il fit élever en Espagne, il fit inscrire ces paroles : *Le nom des chrétiens est enfin effacé de mon empire.*

Or, le démon, qui voyait *le sien* crouler de toutes parts, et s'élever sur ses ruines le règne de la vérité, de la sainteté et des vertus les plus sublimes, le démon,

esprit de mensonge et de malice, sem-
blait avoir rassemblé toutes ses forces
pour frapper un grand coup contre
l'Eglise ou la famille de Jésus-Christ.
N'ayant pu étouffer le christianisme dans
son berceau, il voulait au moins en
arrêter les progrès, la merveilleuse exten-
sion. A cette fin, il aveugle les philoso-
phes ; il inspire les hérétiques ; il suscite
trois nouvelles persécutions générales,
depuis Septime Sévère jusqu'à Dioclétien, sans y comprendre plus d'une
autre persécution particulière qui, sous
Maximin, sous Aurélien et sous le
gouvernement des chefs des Provinces,
n'en furent pas moins cruelles et meurtrières.

Qui peut dire le nombre des chrétiens
immolés à Nicomédie, capitale de la
Bithynie ? Elle reçut un nouvel éclat
précisément du grand nombre des martyrs qui l'arrosèrent de leur sang.
Comment énumérer celui des généreux

disciples de Jésus-Christ, sacrifiés en haine de son nom, à Carthage, Alexandrie et à Rome où l'on croit encore entendre ce féroce hurlement : *Les chrétiens aux lions !...*

Arrivons dans la Gaule, et, si nous nous arrêtons aux pieds du mont Saint-Bernard, en un lieu célèbre, nommé jadis Octodure, et aujourd'hui Martinach, à cause du souvenir qu'il rappelle, quel spectacle devant nous ! La légion Thebéenne, composée de dix mille chrétiens, et qui eut l'honneur de compter pour ses dignes chefs les Maurice, les Exupère, les Candide; cette légion admirable est invitée par l'empereur Maximinien à renoncer à sa foi et à sacrifier aux dieux ; elle demeura inébranlable, et, déposant ses armes qui pouvaient protéger sa vie, elle consent à mourir pour Jésus-Christ, son Dieu ; or, tous les membres qui la composent subissent, un à un, le supplice de la décapitation. Des ruisseaux de sang coulèrent de toutes parts...

Sur une montagne illustre, voisine de Paris, le sang chrétien, auquel fut mêlé celui de saint Denys, premier apôtre de ces contrées, coula avec tant d'abondance que ce mont qui en fut comme enivré, a conservé le nom qui en rappelle le glorieux souvenir. C'est *Montmartre* ou *Mont des Martyrs*. C'est aussi là même que la piété de la France catholique élève aujourd'hui un temple magnifique en l'honneur du *Sacré Cœur de Jésus*.

Lyon, où furent immolés ses premiers apôtres, saint Pothin en 177, et saint Irénée en 202, l'un et l'autre disciples de saint Polycarpe, évêque de Smyrne, Lyon, sous l'empereur Septime Sévère, n'échappa point aux persécuteurs du Christianisme. Une ancienne inscription, qu'on voit encore dans cette ville, à l'entrée de son église principale, porte que dix-neuf mille chrétiens, sans y comprendre les femmes et les enfants, répandirent leur sang pour le maintien de leur foi, et en l'honneur du nom trois fois saint de Notre-Seigneur et Dieu, Jésus-Christ.

Mais descendons le cours rapide du Rhône dont les flots sont rougis par le sang des martyrs, et arrivons à Vienne en Dauphiné. Ici encore quels souvenirs et quel spectacle !

Vienne, cette ancienne ville des Gaules et une des premières qui reçut le bienfait inestimable de la foi, vit couler dans ses murs, avec le sang des premiers chrétiens, celui de ses premiers apôtres: Félix, Fortunat et Achillée, disciples, comme Ferréol de Besançon, de saint Polycarpe, formés, à cette même et fameuse école de science et d'orthodoxie, et envoyés dans cette ville par le zèle de saint Irénée. C'est là que ces admirables missionnaires reçurent la palme du martyre, vers l'an 210 ou 212, à peu près dans le même temps que ceux de Besançon subissaient le même glorieux sort.

C'est encore dans cette même cité, à 77 ans de distance, sous le règne du cruel Maximinien, et sous le gouvernement d'un Crispin, qu'une nouvelle victime allait être immolée à la fureur aveugle, à la rage des puissants ennemis du nom chrétien, et cette victime sera le tribun Ferréol.

SON GRADE, SES VERTUS.

Saint Ferréol, de Vienne, dont on ignore la patrie native, était un tribun romain. Ce grade supérieur qui lui donnait un commandement sur mille soldats, ce qui représente, selon nos cadres français, un chef de bataillon ou commandant, en faisait évidemment un officier supérieur, et nous laisse naturellement comprendre en quelle estime il était dans l'esprit de ses chefs, à cause de son intelligence et de ses qualités militaires. Mais aux qualités de son état, le tribun romain en ajoutait d'autres non moins précieuses, celle d'un parfait chrétien, d'un vrai disciple de Jésus-Christ.

En effet, plein de foi pour sa religion, d'amour pour son Dieu, de charité pour ses semblables, surtout pour ses soldats, qu'il eût voulu gagner à Jésus-Christ, Ferréol, sous son habit d'officier, cachait une âme d'apôtre. Il éprouvait la vérité de cet axiome du roi Salomon, qu'on ne peut cacher du feu dans son cœur sans que les habits n'en ressentent l'ardeur. Aussi digne de l'admirable Sébastien, son contemporain, officier de Dioclétien, qui profita de sa haute position en faveur des fidèles éprouvés, et mérita ainsi le titre de défenseur de l'Eglise romaine, notre tribun allait autant que la prudence le lui permettait, encourager les uns, fortifier les autres dans la voie chrétienne, et répandre çà et là la bonne odeur de Jésus-Christ, dont il était avant tout l'intrépide soldat.

Une telle vie ne pouvait passer inaperçue, et si elle excita l'admiration des vrais chrétiens de Vienne, si elle servit d'heureux stimulant à la fidélité chrétienne, d'un de ses soldats, nommé Julien, mort pour sa foi à Brioude en Auvergne, elle excita la rage des ennemis du christianisme. Ainsi, devenu plus que suspect, il fut dénoncé comme chrétien au gouverneur de Vienne, à Crispin, qui le fit comparaître devant son tribunal.

SON INTERROGATOIRE.

CRISPIN.

Serait-il vrai, Tribun, comme vous en êtes accusé devant moi que, rebelle à nos Dieux et à nos Empereurs, vous soyez chrétien ?

LE TRIBUN.

Oui, Gouverneur, je suis chrétien par la grâce de mon Dieu, et je veux vivre et mourir dans cette foi.

CRISPIN.

Quelle folie de préférer à nos Dieux immortels, une religion fondée par un homme crucifié à Jérusalem !

LE TRIBUN.

Gouverneur, vos Dieux imaginaires ne sont rien, et Jésus-Christ seul, vrai Dieu et vrai homme, créateur et maître souverain du ciel et de la terre, est le seul Dieu que j'adore et qui a tout mon amour.

CRISPIN.

Tribun, soyez donc digne de votre intelligence, revenez de vos folles illusions, et renoncez à une religion nouvelle et sans fondement.

LE TRIBUN.

La raison et le secours de Dieu m'ont conduit au christianisme. Veuillez m'écouter un instant : Une religion, fondée sur des miracles incontestables, éclatants; une religion qui défend jusques à la pensée même du mal, qui commande toutes les vertus, peut-elle venir de la terre ? Non, elle ne peut venir que du ciel, puisqu'elle nous fait pousser vers lui nos pensées et nos désirs.

CRISPIN.

Vos étranges paroles ne vous justifieront point devant nos lois. Il faut que vous renonciez à votre vaine croyance et que vous sacrifiiez aux Dieux de l'Empire.

LE TRIBUN.

Gouverneur, jamais ! jamais !

CRISPIN.

Mais si vous persistez dans vos pensées, vous allez nuire au bel avenir qui vous serait réservé, et aux récompenses destinées à vos services militaires.

LE TRIBUN.

Gouverneur, je place ma foi chrétienne au-dessus de tous les honneurs, de tous les biens de ce monde, et je garderai toujours fidèlement ce trésor, qui m'est venu du ciel.

CRISPIN.

Tribun, si mes conseils, si l'expression de mon intérêt pour vous vous laissent insensible, j'ai des ordres de mon Empereur contre les rebelles à sa volonté, surtout contre les chrétiens. Réfléchissez.

LE TRIBUN.

Gouverneur, ces ordres je les subirai sans murmure, quelle qu'en soit la rigueur.

CRISPIN.

Tribun, sachez-le dès ce moment, la

mort suivra votre rébellion et votre persistance aveugle.

LE TRIBUN.

Hé! bien, gouverneur, je n'en suis point troublé. Je préfère la mort qui m'ouvrira le ciel, à une lâche et coupable apostasie qui, en me privant de l'amitié de mon Dieu, me rendrait digne de sa colère et d'un supplice sans fin. Aussi je proclame mon dernier mot : Je suis et je veux vivre et mourir chrétien.

SA CONDAMNATION, SA PRISON.

Le gouverneur, furieusement irrité de trouver le tribun sourd à ses conseils, à ses promesses, à ses menaces, le condamna d'abord à la prison, où il devait être chargé de fers. L'intrépide chrétien, escorté des gardes, se rend d'un pas léger et bénissant son Dieu, comme autrefois les apôtres, d'avoir été jugé digne de souffrir pour son nom. Il le bénit, dans sa captivité, de l'assistance qu'il lui avait donnée devant le gouverneur, et il soupire après le moment fortuné où il pourra, par le martyre, lui témoigner son plus grand amour. Trois jours se passent en prison, dans la prière, la reconnaissance et l'offrande de tout lui-même. Au troisième jour, un miracle s'opère. Ferréol voit que ses chaînes étaient tombées, et il se dit sans doute alors, comme autrefois saint Pierre : « Je reconnais bien maintenant « que le Seigneur m'a envoyé son ange « et qu'il m'a délivré de la main du « gouverneur. »

SA FUITE, SON ARRESTATION, SA MORT.

Remis en liberté par un miracle du ciel, le saint tribun sortit de la prison, et, pour échapper à ses ennemis, autant que la prudence chrétienne lui en imposait le devoir, il traversa le Rhône à la nage, mais, arrivé sur l'autre rive, il fut, bientôt repris par des soldats et remis entre les mains du gouverneur.

Condamné à mort par l'impitoyable Crispin, notre saint fut décapité à Vienne, vers l'an 287. Sa belle âme ne précéda que de quelques mois dans le ciel l'âme de l'intrépide Sébastien, glorieux officier romain qui sut braver le courroux de Dioclétien, et qui mérita par son zèle de nouvel apôtre, auprès des fidèles persécutés, la gloire du martyr, l'an 288.

CONCLUSION.

Le seul moyen d'honorer le saint martyr Ferréol, et de nous assurer sa puissante protection auprès de Dieu, c'est de rendre comme lui, chacun selon notre état, un triple témoignage à Jésus-Christ, qui nous en impose une rigoureuse obligation.

1° Un *Témoignage de souffrance.* Il

s'agit ici, non de ces souffrances atta-
chées à notre pauvre nature dégénérée,
mais de celles qui forment proprement
la vie chrétienne, ce martyre intérieur,
invisible, volontaire et continuel, qui
nous porte à immoler les coupables
passions du cœur, *orgueil*, *avarice*,
sensualité, la triple concupiscence.....

2° Un *Témoignage de soumission.*
Cette soumission n'a pas seulement
pour objet les mystères sacrés de la
religion, et les enseignements de la sainte
Eglise, mais les diverses épreuves par
lesquelles la Providence divine veut
nous faire passer; mais les coups péni-
bles qui nous viennent de nos semblables, injustices, ingratitudes, calomnies,
etc., mais les infirmités qui nous viennent de notre propre nature ou de
l'infortune.

3° *Témoignage de désir.* Etrangers
sur cette terre, c'est vers le ciel, notre
vraie patrie, que doivent tendre nos

pensées, nos désirs, nos travaux et notre vie entière. Là est notre véritable et solide trésor. C'est là que l'apôtre saint Paul, que saint Ferréol, que tous les saints portaient leurs cœurs. Là aussi doit être le nôtre, si vraiment nous aimons Dieu.

ORAISON.

Faites, ô Dieu tout puissant, nous vous le demandons, que, par l'intercession du bienheureux Ferréol, votre martyr, nos corps soient délivrés de toutes sortes d'adversités et nos âmes purifiées de toutes mauvaises pensées. Nous vous en prions par Notre-Seigneur Jésus-Christ.

Ainsi soit-il !

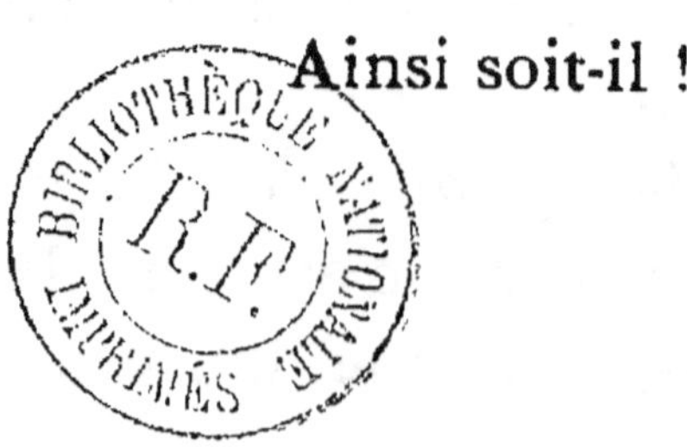